Der Tod ist wenig

Gedichte von

Pascal Debra

Pascal Debra

Der Tod ist wenig

Gedichte

Bibliografische Information der Deutschen National-
bibliothek: Die Deutsche Nationalbibliothek verzeichnet
diese Publikation in der Deutschen Nationalbibliografie;
detaillierte bibliografische Daten sind im Internet über
dnb.dnb.de abrufbar.

Titel der Originalausgabe:
Der Tod ist wenig. Gedichte. © 2019-2021
Covergestaltung: Pascal Debra ©
Frontcoverbild: Pink Flowers Photography © Lisa Fotos
 2. Auflage
Alle Rechte vorbehalten, Pascal Debra ©
ISBN: 9783752642421
Herstellung und Verlag: Books on Demand GmbH,
Norderstedt, 2021

Teil 1: Oberfläche

1

Wasteland, Baby
sagten sie,
diejenigen die den
primitiv
schmelzenden Momenten
entgegenfieberten
Die Arbeit und die Ernte
der lärmenden Hölle
im Rücken,
wie eine Erscheinung,
die man wegwischt
mit dem Geschmack
von Limette
auf der
Zungenspitze

2

Die Beurteilung
des Danach
ist die
bannende
Apokalypse
allen Verständnisses
Es sind die abgereisten,
abgerissenen
Erinnerungen,
deren Substrat
abgeleistete
Schulden sind,
im Moment
des elementaren
Augenblicks
Oh, der Tod ist
wenig
so wenig

3

Nur ein Kratzer,
sagten sie,
nur ein Fernweh
in klassischen Anspielungen,
ein gewobenes Epos
lakonisch-lyrischer
Bemühungen

Nur ein Teil,
sagten sie,
nur eine Gegenwart
mit lasziven Stimmen,
mit Protagonisten,
die behutsam
einkehren
in ihr
fehlendes
Wünschen

4

Die Fantasie
einer schlichten
Möglichkeit,
glimmend,
nachdrücklich,
wie in Brüchen
geschmiedet,
in der
trocken
nebensächlichen
Melodie
eines weltfremden
Zitats

5

Seltene Wortarten,
gefühlte Okkasionalismen
sind,
wenn ich gehe,
nur die Menge an Gefühl;
sind,
portioniert wie Obst,
nur der Rahmen
bemerkenswerter
Variationen
für dich,
wenn du
gehst,
wenn du dich
zurückführst
in die von dir ausgewählte
Bedeutungslosigkeit

6

Spielerisch gingst
du im Gefühl
in mich über,
warst Kunstwort
in dunkelster Wirkung,

warst Schwerpunkt
meines Kreises,
bis du
gingst,
bis du
dich loslöstest,
aus der Konstellation
und Gestalt
wurdest
im verkürzten
Hintergrund

7

Der Tod ist wenig
im Stillleben der Zeit,
kaum erlebt im
auserwählten
Farbenspiel
selektierter
Augenblicke,
wie ein
zartes
Zierelement
in der Blüte,
ungesehen und
feingliedrig,
sich delektierend,
an der Zartheit,
wie in einem
Streifzug
durch
Farbe
und Gestalt

8

Ohne Fehlen,
ohne Sinn und Mangel,
erfahrend
in der Umstellung
der Dinge in der Welt,
aufgehoben und
versetzt,
wie Teilstücke,
und
unvollendete
Segmente,
Akzente ambienter
Leere

Stille
wie Inversionen
eines zeitlichen
Metrums
wiederkehrender
Bewegung

9

Gebt sie der dunklen Zeit!
Gebt sie der Missachtung!
Werft sie, tragt sie,
als Widerpart des Endes,
antwortet ausfallend,
urteilt entlarvend

Seid die Utopie
der Verwüstung,
der längst angeglichenen
Erfindung
der Bedeutung
Mensch

Seid die Relativität
im symptomatischen
Zeitalter
des Unausweichlichen,
denn der Tod ist wenig

10

Die Küchenwahrheiten
in oft
scheinbaren,
aber barriquefassgereiften
Gedanken,
bringen finale,
in sich selbst
verortete
Lieblingsgedanken
zum Vorschein:
Fluch oder Segen –
Eine Frage des
Interpreten

11

Bereitwillig,
obsessiv dem
Appell untergeordnet,
bleiben jene
anonym,
die unschön
sich begegnen
im schrecklich
bedrängten Schein
der denunzierenden
Dinge der Welt

12

Verschwindende,
aus dem Nebel
hinausfallende
Landschaften
im reduzierten
Blick
möglicher
Texturen

Verspielt,
verkauft,
wie verlegene
formfeindliche
Bildelemente,
Gefügen
und kompositorischen
Konstellationen
gleich,
sind sie doch
einfach
nur
wartend
ob eines Auges
wahren Sehens

13

Er ist nicht in dir,
er ist nach dir,
denn er ist
kein Teil

Es ist jene
Blüte
die deinem Sehen
sich
entzieht,

deren Duft
du niemals
wahrzunehmen
vermögen
wirst
- denn
der Tod ist wenig

14

Die immer gleichen
behutsam penetranten,
bedachtsamen
Antwortschnipsel
-in gelben Schuhen tanzt
der Kosmos sich strebend
zu Tode

Wo sind wir
überholt,
wo wie Wimpern,
gleichzeitig
und nachtsüß,
wo die nie
verlorene Lust,
Ausnahme zu sein
im Unwirklichen?

15

Still sind die Dinge
in ihrem ureigensten
Tod,
kaum wahrnehmbar
erschienen
in zeitlicher Gunst,
schon genährt in
flüchtigem
Vorüberziehen,
schon jenseits
des Transitseins
wie ein kurzer
Absatz der
Zeit
an sich

16

Wahrscheinlich
klingt die Bewegung
sich nähernd
ab,
in berechneten
Kreisen,
in distanzierten
Aureolen aus
kinetisch
abberrantem
Bestreben

Dies ist jenseits
des Todes,
durch sich selbst
im Fokus allen
Seins

17

Die Augenblicke
bewegen sich
flüchtig
durch die sterbende
Zeit,
leise an der
ephemeren
Oberfläche
entlang,
gleiten
sie
verborgen
intrinsisch
in sich
entblätternden
Momenten
von Flüstern
zu Flüstern

18

Der Tod ist wenig,
raunen und
hauchen die
Sakurabäume,
die blühend
in die
Gegenwart
geworfenen
Traumvergangenen,
nicht nennenswert
die Zahlenordnungen,
derer
sie habhaft
sind

Tausend Jahre
verlieren
sich im
Augenblick eines
Windstoßes,
der Tod ist wenig,
so wenig

19

Das Wenige was ist,
ist Tod,
ist in ihm
aus ihm
erblüht,
dem Abstractum
des Seins,
dem Bastard
der Entstehung
und der
Genese
der Seltenheit

Wir
wandeln
nur
wie Geister
durch sein
brennendes
Haus

20

Keiner bleibt
übrig,
niemand
zeigt die
knappen Spuren,
Mengen
und Kleinigkeiten,
die leitend die weit
gezeigten Panoramen,
in innere
veränderte
Fernblicke
wandeln

Wir flanieren
in uns selbst,
sitzen
manchmal
nur,
auf der
alten Holzbank
im Innersten
des Herzens
-blickend,
wachend

21

Ein Stapel,
eine Portion,
eine Zahl,

untergerührt
in die Gattung
des Seins,

Die Menge bildet
die verwilderten
Gärten
der Herzen,

der Tod ist wenig
ist – wenig nur
wenig

im Angesicht
der
eingefärbten
Ewigkeit

22

Sentimentale Preziosen
Treppenwitze und Tagebücher

Wie geregnet
scheinen die Worte
unaufhaltsam auf dem
hell flirrenden Asphalt
der Zeit

Nur allegorisch
sind sie
im Vergleich
zur einmaligen
Melancholie,
wie Tropfen
im Gewitter
des
eingespielten
Geistes

23

Was beanspruchen
Begriff und Ordnung
in den besonderen
Momenten,
im vermehrten Tag,
im glanzvollen Absatz
einer Stunde
oder
im Wortlaut
vollständigem
Schweigen
gleich?
Wenig ists,...
nur wenig

24

Wir sind
die Rückkehr
und die Promiskuität
sind der Wechsel
des Ungleichen,
sind
privilegiert
zu sein
wie ein
Mechanismus
des Tierseins,

sind
Fehler der Sprache,
sind wissend im
Sinne
von Konzept
und
Todeswacht

25

Wir wachen
über das Wenige,
wir trinken
schöpfend
aus dem
Ganzen,

wir
sind die
anschmiegsame
Behutsamkeit
im Fernweh
der Dinge

wir
sind die
arkan
Lebenden,
argusäugig
und
initial
im Wenig
des Ganzen

26

Alles Gesehene
ist ein Exodus
seiner selbst,
ist ein Exzess
des Sinns,
ist die Renommee
einer alten Variante
aller Dinge,
allen Seins,
stumm,
gebunden
in einer
indifferenten
Irrelevanz
irrlichternder
Inseln
des Geistes...

27

Der Mittler
zwischen
den Türen
ist die Frage,
der Kompass
deiner
Nachmittage,
sich versteigend
in den Bergkämmen
alter Aussaat,
schlafwandlerisch
in den Formen
der zarten Dinge
und Berührungen

28

Wir beleuchten
ihresgleichen,
sind nur
Glaubende im
Klang der Funken,
sind in den Tagen
wie am Ufer
vergangner
Zeiten,
sind die
kleine Welt
in der Distanz
zum Irgendwie,
im Pakt des
Irgendwann,
in der vergessenen
Geburt
der Ausnahme

29

Zitronenbäume,
Laub und geflüsterte
Worte,
Olivenduft,
Verse,
die Erlesenheit
der geglaubten Dinge,
ein Abbild
wilder
angriffslustiger
Ebenbilder,
die im Widerschein,
sich gewichten,
wie die Reise
selbst
im Schatten
der
Sonne

30

Menschenautomaten,
wie getrieben im
situativen Nachteil
eigenstem
Vorbild
zum Trotz,
wie auf sich
zubewegende
Theorien,
wie ein
trotziger
Versuch
vergeblich
Zeitgenosse
der Ewigkeit
zu
sein

31

Das Heft
deines Lebens;
reißt du ein
die Seiten?
Schneidest du ein?
Knickst du sie
leidlich, um
wissend
zu sein?
Sich einzuprägen
die abgewägten
erregten Momente
der Zeit?
Wann schließt das
Heft ?
Verlöscht die Tinte,
verlegst das Heft?
Die vergilbten Seiten,
sie raunen nur flüsternd:
Der Tod ist wenig,
so wenig.

Und dann war
sprachlose Stille,
wie Stunden zuvor,
unbemerkt, verstohlen,
schlossen die Augen,
zerrann der Atem
klang sein Herz aus,
ging.
Er ging,
wie er lebte

Man schwieg sein
Schweigen,
man hörte seine
Stimme,
er ging,
ging,
wie ein Liebender,
aus der Stadt der Engel

33

Die Lektionen
dehnen sich aus,
die Zeitspannen
treiben den Keil
des Lebens
in die Sprache
der Welt

Erneut schließen
Augen,
erneut besiegeln
die Phasen und Fristen
die Zeit

Ein ´Abermals´
streift zart
durch das ´Ewig´,
reißt an sich
die Lebenstage
und verbleibt lautlos
im ´Schon´

34

Der Blick des
Ungeübten im
ausgelieferten
Moment
menschlicher
Kreaturen;
unmittelbar,
wie ungeschickte
Sammelobjekte
des Universums,
Tode aufreihend,
in einer Vitrine
entlegenster
kosmischer Tiefe,
An die
entlegene
Wand
des Universums
kotzt
nur Gott

35

Frauen, Könige,
Gesetze:
In der Dunkelkammer
des Seins
sind sie ewiglich
Chemie
und
trübe Idee,
unter den Toten,
unter den Lebenden,
unter dem Seienden,
unwirklich,
sternumspannten
Geschichten
gleich,
wie der Geruch einer
Hyazinthe,
denn der Tod ist wenig
sagt die Zeit

36

Um nur einen
Faden ergänzt,
verschieben sich
die Elemente
des Raums

Die Sitzflächen
Gottes
sind uneben,

seine Küche
kalt

sein Bett
voller Wanzen

Dies sind die
Experimente
mit Eiswürfelformen
im Auslandssemester
der toten Götter

37

Dekolletés und
Sichtfenster,
wie Trennräume in der
erdigen Mitternacht,
ein Grundtenor
verfilmter Zeiten,
in den verpassten
Postings
nichtiger Minuten,
nichtiger Stunden –
Eine Maschine
der Tätigkeit
in süßester
Rache
falscher Bilder
anheimgegeben
ohne Bezug,
wie ein
Gemälde
der gestürzten
Zeit

38

Die lebendigen Dinge
verschmelzen
in der Kontemplation
weggeworfener Gedanken,

sind Bilder,
eingefasst in Ansichten
und Anblicke,
zart,
gebeugt,
doch elendig
lebendig,
wie versteinerte
Porträts,
wie gegossene
Gemälde,
substanziiert
in der Schmiede
des Hephaistos

Teil 2: Tiefe

1

Sich überwindende
nüchterne
Lichtschnipsel
wüten
tanzend
über den
Unterbrechungen
aus roten
Backsteinziegeln

Deformierte
Wolken
malen
sich
in die
behagliche
Genese
der Zeit

2

Keine Antwort,
nur Gebete
hohl und
stimmlos
wie ein
Repertoire
aus
perlenden
Worthülsen,
ein Weltraum
voller
satirischer
Lebensträume

3

Ich bin
die Narbe
und die Erinnerung,
bin die
Bestätigung
deiner
Herkunft,
bin dein
Wein
im
Exil
deines
Lebens

4

Buchvergnügt und
dunkelfarben,
im alten Sessel
dämmerungsnah
den Sternen
lauschend

Mondstill
schwärmt
der Tag
hinein
in meine
Nebelzeit

Wir warten
nur,
warten
auf schweigenden
Schnee

5

Die dämmernden
Wege
schneeverzaubert,
wie tagverloren
träumend
still
sie
wirken

Der Schnee
zählt
zart
die bunten
Hügel,
wie in taumelnder
Umarmung

6

Morgensanftes
Schneegestöber
trocken, blind und mild,
legt
schattenmild
die Tagesstunden
frei

Wir gehen einsam,
gehen einig,
gehen wo die Welten
sterben,
wo sie
fußstark
sich
der Ewigkeit
ergeben

7

Ein
Schelmenmädchen
lächelt zart,
wie gülden
ihre Locken
tanzen,

es flüstert
sehnsuchthauchend
trostbedürftig
wie ein
Kätzchen

doch tötet
innerlich
den Harlekin
der sie nie war
in Sorgenkleider
bunt und starr

Teil 3: Auflösung

1

Es hätte Irrsinn
sein können,
über den Himmel
hinweg erzählt,
eben jene
Geschichte,
dem Gelingen
selbst
geschuldet,
bekenntnishaft
gesungen,
kontrovers
begründet und
von den
verführerischen
Träumen geprägt,
wie in Abgründe
gezogen

2

Verzichtende Porträts,
sich selbst promotende
Choreographien des Nichts,
einander im heiseren Gesang
verlierend,
wie Ikonen,
die,
zu früh
vom Leben
der Lüge bezichtigt,
in der Veränderung
erblühend, ermatten,
wie das Strohfeuer
roter Blumen,
zwischen digitalisierten
Träumen

3

Die modischen Schatten,
dramatisch erzeugten
Endlichkeiten
menschlicher
Nummern und Ziffern,
wie erobert
fühlen
sie sich
im ertappten,
ergänzten
Liebesspiel
eingebundener
Bedeutung

4

Die wüstenhaften,
zeichenhaften,
den Himmeln weichenden
Flächen,
sind wie genesende
Alte,
die, zurückgezogen,
im Wesen,
sich treffen im
Flüstern
ureigenster
düsterdunkler
Spiegel des Seins

5

Das eigentliche
Entgelt letzter
Endgültigkeit,
der Obolus
an Charon,
dem Votum
finaler
Kohärenz
-sei es obsolet,
wie eine
opponierende,
periphere
Paraphrase
vorangegangenen
Lebens –
Die Emphase
von Prägnanz und
Tod

6

Die Gesichter
sind Diktion!
Die Worte
der Gestus
des Todes;
seine Wirkung
die Gebärde
ewiger
Unterstreichung,
der Nachdruck
ein Stern des Pathos
- So gelingt der
stimmige Taumel,
die Adhärenz
des letzten
Synapsenfiebers
ins Verlöschen

7

Die Nachhut
leitsatzhafter
Adessentia
- wie sterblich
sie ist!
Wie zart und
zerbrechlich;
denn die
widerspenstigen
Momente,
in den schuppigen
Erinnerungen,
sind wie aufgelöste
abgeschälte
abgelehnte
Abschlüsse
des bloß Seienden

8

Die Erinnerungen
sind die Songschreiber
des Gestern –
sind trauriger
Volksmund,
das gekippte Boot
im Prozess
gestriger
Abschiede,
hervorgerufene
Momente

und

treibende Kraft
leidender
Abonnenten
des scheinbaren
Lebens

9

Convencience-Gefühle,
Fast-Food-Liebe,
wie Speisen
des züchtig Zukünftigen
des vakuumierten Morgens,
wie willkürliche
angrenzende
Selbstverkäufe
sex sells,
sex tells

Nichts bleibt
im Vielleicht

Nichts offenbart
sich
existierender
als die sich
ergründenden
Piraterien
eigenster
Hormonplatitüden

10

Metaphysische
Punchlines,
Grotesken
der Ehrlichkeit,
wie ein nie
dagewesenes
Business
uralter
Kontemplationen,
Athener Eulen,
Delikatessen
der singulären
Gegebenheiten
 – Der Tod rupft sie
 spuckt sie
aus

wenig, so wenig

11

Senkrechte
Rückenschrift,
wie Brücken
angelehnter Leidenschaft,
abgelehntes
sich versagendes Fühlen,
leitend, stumm
versiegten Quellen
gleich
Gedankensintflut
treibt dunkel
in den Augen,
stumm die Lippen,
Finger wandern
nur mehr
oberflächig
durch die Welten
deines Mittelpunkts

12

Zuvörderst
wandern deine Blicke
durch
die sporadischen Worte,
durch die
Wiegenlieder
deiner Schönheit,
durch die Dinge
die dich prägen

Wann wagt
das Sterbliche
in deinem
Wünschen
den klagenden
Absprung?

Aus den Kriegssünden
deiner
Widersprüche
geboren,
zerfallen
die zwingenden
Dinge deiner
einstigen Welt

13

In Nahansicht
zerfallen vergeblich
die umstrittenen
Fortschritte
inmitten deines
Fühlens,
es birgt sie
fehlend
und
leer

draußen am
dunkelnden
Fenster
begegnet
uns
ausufernde
Stille

14

Verrottende
Dimensionen
wenden
sich
unliebsam
in selbiger
Kraft,
deren
Spiegel
sie zu sein
scheinen,
wie
die Heimatstadt
des Chaos

15

Die Tinte
in der Wanne,
wurde als Einfall
hydriert,
wie war sie zärtlich!
Wie war sie sanft!
Doch
weniger
wurde die
Welt
- wie entbehrlich
sie war,
die Tinte der Zeit

16

Man prüft nie
die blassen Aussichten,
die Momente
der toten Gefühle,
ob Nietzsche,
ob Hegel,
ob Kant oder
nix,
Ein Spitzer
zerklüftet
den Bleistift
und lässt ihn
vergiftet
zurück

17

Euch sind sie
gegeben,
die sich
widerstrebenden,
Gedanken,
so wie Regeln
und
der Grusel
der Nacht

Euch sehen
sie nackt,
die Gedanken,
entblößt und
geschändet,
dezent nur
hasten
sie
und lassen
euch liegen
und wachen

18

Im Wunderland
des Hoffens,
im Spektrum
improvisierter
Intermezzi
weltlichen Lebens
-wie üppig
sind die Zeiten
aus Anspielung
und
Pointe
-Nur Pointen
sind sie,
die Reiche
als Remineszenzen
deines
schwindenden
Lebens

19

Die Stimmen
wecken mich
wie ein Arrangement
bambiäugiger
Intention

Diese Ära
soll es sein
ein Refrain
deiner Berührung
eine retromoderne
Playlist
deines Wünschens

Dein Blicke
wie Akkorde
einer längst
vergangenen
Zeit

20

Rückblicke
dämmern
wie Outtakes
aus
Vergangenem,

tragen die Farben
wie mutmaßliche
Versionen
zukünftigen
Verlangens

beginnen
vereinend
das Scheitern
der Unterschiede
und
enden
im Klischee
des Seins

21

Wie Puppen
trugen sie
die Kinder,
leblos gelangten
sie durch das
Fühlen
in die Leere

Die Mütter,
sie trugen sie
sanft,
wiegend,
als würden
sie schlafend
sie erwarten
am Ende
der Zeit

die toten
Puppen,
die Lider,
geschlossen
um wenig
zu sein

22

Und letztlich,
warst du längst
geboren
durch vergangene
namenlose
Zärtlichkeit,
erkoren zu
Großem,
gewandelt
zu Vertrautem,
flüsternde
Sanftheit,
dunkle Augen
Leidenschaft
preisend,
abortiert
im Augenblick
des zitternden
Zögerns

Du warst mein
zarter Tod
den ich nie
wollte

Über den Autor:

PASCAL DEBRA, 1978 in Luxemburg geboren, studierte Philosophie (speziell wissenschaftstheoretische Ansätze), Literaturwissenschaften und Linguistik an der Universität Trier und erwarb dort den Magister Artium Abschluss in diesen Bereichen. Beschäftigt sich mit der Vielfalt von Weltanschauungen und philosophischen Konzepten und ist leiden-

Abb. 1 (c)
Privatarchiv Debra

schaftlicher Musikalbensammler. War Lehrer für Philosophie und Ethik, unterrichtet aktuell in einer Privatschule.

 Pascal Debra

 debrapascal

Weitere Schriften:

„Der Schachspieler" Roman (2009)(Neue Auflage 2018)

„Die Reißzwecke in der Regenrinne" Roman (2009) 2. Auflage 2018

„Die Evolution des Skorpions" Roman (Neue Auflage 2018)

Aesculus –Ein Gedichtzyklus in 5 Bildern. (Einzelausgabe 2017)

„Die Pathologie der Liebe" Roman. (2017) 2. Auflage 2018

„Horizontenstille" Gedichte aus den Jahren 1993-1998 20jährige Jubiläumsausgabe 2018

„Ausgewählte Gedichte 1998-2002" (2018)

„Äonenfalter –Gedichte und Koans 2002-2006" Jubiläumsauflage 2017

„Gedichte und Haikus. 2006-2018" (2018)

„Achilles" Roman (2018)

„Die Gefälligkeit des Vormittags" Roman (2019)

„Kafka und Ich. Philosophische Notizen und Tagebucheinträge. (Gebundene bibliophile Ausgabe 2019)

u.a.